LETTRE

DE

LA DUCHESSE D'ANGOULÊME

AU COUVENT

DE MONTROUGE.

LETTRE

DE

LA DUCHESSE D'ANGOULÊME

AU COUVENT

DE MONTROUGE.

PARIS,
IMPRIMERIE DE J.-L. BELLEMAIN,
RUE SAINT-DENIS, N° 268.

1830.

Imprimerie de J. L. Bellemain, rue St.-Denis, n. 268.

LETTRE

DE

LA DUCHESSE D'ANGOULÊME

AU COUVENT

DE MONTROUGE.

———

Dijon, le 25 juillet 1830.

Mes Très Révérends,

Les nouvelles que je reçois chaque jour me donnent plus que jamais l'assurance que la religion triomphera de cette secte libérale qui veut le renversement de toutes choses humaines. Mon oncle, ce viel entêté, nous a fait bien du mal avec sa Charte qui n'a pas le sens commun, et qui nous tient les bras liés. Heureusement que le coup d'état que prépare Polignac va nous remettre en possession de tous nos droits Nous nous attendons bien à quelque tapage de la part des libéraux; mais, mes très Révérends, avec nos bayonnettes et vos poignards, nous parviendrons facilement à les museler.

Dans la province, ils se permettent aussi de bavarder politique et d'avoir des opinions contraires à nos droits. J'ai entendu des cris de Charte et toujours de Charte; quelques-uns de nos amis, cependant, criaient *vive la duchesse d'Angoulême !* mais c'était en fort petit nombre. Espérons que lorsque nos peuples seront entièrement asservis, ils seront moins insolens et plus obéissans.

Travaillez sans relâche, mes très Révérends, à grossir votre honorable congrégation. Il n'y a que vous qui puissiez nous sauver; que la religion éteigne entièrement les lumières qui nous ont fait tant de mal depuis la révolution. Nous ne voulons que le bonheur du peuple, et l'ingrat ne le veut pas, il n'a que le mot liberté dans la bouche, mot vague et qui blesse l'honneur du diadême.

Je vous prierai, mes très Révérends, de m'envoyer les nouvelles listes de candidats congréganistes; le général Bourmont, le héros d'Alger, m'a assuré qu'il aurait le soin que tous les officiers fassent partie de cet honorable corps qui fait notre force, notre gloire et qui nous prépare un triomphe complet. Presque toutes les autorités sont congréganistes, et tous les chefs de notre bonne garde le sont également; nous voulons même que les soldats en fassent partie. Jugez alors, mes très Révérends, si nous ne parviendrons pas à rendre le peuple souple, lorsque nous formerons un corps si formidable.

Partout où je suis passée, je me suis fait donner les noms de gens en place dont les opinions sont équivoques; je compte à mon retour inviter Peyronnet à les destituer et à donner leurs emplois à des personnes plus solides.

Je déciderai également le Roi à former une nouvelle Chambre de Pairs. Il est très inconvenant que des militaires et des bourgeois soient Pairs de France : les évêques et les cardinaux seuls doivent arriver à cette haute fonction de l'Etat.

Mon époux fera, dans cette circonstance, ce que je voudrai; depuis notre retour en France, j'avouerai avec franchise qu'il est changé entièrement. Il a surtout, depuis la mort de notre oncle, un fonds de religion qui m'assure pour lui une place dans le ciel. Combien je me félicite de ce changement! Jugez, mes Très Révérends, lorsque ce cher Dauphin sera Roi, si nous pourrons gouverner comme bon nous semblera. Comme son père, il aime la chasse, je lui permettrai ce plaisir innocent, et pendant ce temps nous nous occuperons des affaires d'Etat. Je veux qu'il ne se mêle de rien, il aura assez de signer les ordonnances que nous lui présenterons.

J'ai été visiter dans mon voyage plusieurs établissemens religieux; je les ai trouvés bien pauvres; j'ai fait prendre note de leurs besoins au secrétaire de mes commandemens, qui vous la remettra à Paris, et ils participeront à nos aumônes. Faisons du bien tant que nous pouvons, c'est le moyen d'avoir de nombreux partisans ; l'intérêt seul guide les faibles humains, et si nous ne pouvons les attacher par l'amitié, attachons-nous les par l'intérêt ; d'ailleurs que nous fait leur amitié ? nous ne devons pas y tenir. Bientôt, j'ose l'espérer, nous leur donnerons un autre lien, et ce sera celui de la crainte.

Continuez donc, mes Révérends, à étendre autant que possible votre sainte institution : formez, s'il se peut, de jeunes Ravaillac, peut-être aura-t-on besoin d'un coup de main, et dans ce cas je compterais sur vous.

A propos, j'oubliais de vous dire que je compte engager Charles à mettre à votre disposition l'énorme somme que vous réclamez de nous, pour les nombreux services que vous avez rendus à notre famille. Comme moi il a trouvé vos prétentions bien élevées; mais enfin il s'est décidé à vous satisfaire.

Que faites-vous de *Syriès* ? c'est un brave homme; mais il est un peu faible, et vous savez aussi bien que moi le parti qu'on peut en tirer..... Il a quelque peu d'ambition, et vous devez comprendre que si nous ne comptions pas sur son fanatisme, nous rejeterions loin de nous un homme qui ne peut nous servir sous aucun autre rapport.

J'ai oublié de vous dire, relativement à mon voyage à Dijon, que j'ai eu le plaisir de recevoir quelques-uns de vos affidés, auxquels j'ai fait répéter devant moi le serment d'usage..... Je suis assez contente de leur dévoûment, il paraît sans bornes.

Quant à monseigneur l'évêque, c'est un homme qui me déplaît fort, et que je veux faire destituer. Il ne parle que de tolérance et de droiture..... Il n'est point des nôtres et ne veut point en être.... Vous savez ce qu'il vous reste à faire. Rien ne peut nuire à notre cause comme les *niais* du haut clergé qui pensent sérieusement que le pouvoir des princes doit avoir des bornes, et que la sainteté de leur caractère s'oppose à ce qu'ils trompent les autres pour nous..... Votre devoir est de nous défaire de ces gens-là.

Je ne terminerai pas sans vous recommander encore le plus grand zèle et la plus stricte attention dans les événemens qui se préparent.... Le coup d'Etat de Polignac doit abattre tous nos ennemis et nous ramener aux douceurs de *l'absolutisme*..... Notre sort va donc devenir ce qu'il était autrefois, et je vous prie de croire que nous n'oublierons pas ceux qui nous auront servis.

Je viens de recevoir une lettre du cousin de *Quélen*.... Tout est prêt, à ce qu'il me marque, à son archevêché...... Ses caves sont remplies de fusils et de poignards, et il s'est entendu avec M. *Mangin* pour tout cela. C'est un homme fort adroit qui a endoctriné ses nombreux acolytes, et qui peut servir à l'infini si le peuple résistait d'abord.

J'ai su aussi que tout était préparé aux séminaires Saint - Sulpice, des Missions-Étrangères et de la rue des Postes, et que nous aurions là également une jeunesse intrépide qui bravera tous les dangers..... Au reste, vous savez quel sort il faut réserver à ceux qui seraient récalcitrans....

Quoiqu'il en soit, espérons, mes Très Révérends, que nous ne rencontrerons aucune opposition, et que tout ce que nous projetons sera mené à bonne fin.....

C'est ce que je souhaite et demande chaque jour à l'Éternel dans mes humbles prières...

En attendant, prions, mes Révérends, pour le succès de notre entreprise et pour le bonheur de la France.

LA DAUPHINE.

www.ingramcontent.com/pod-product-compliance
Lightning Source LLC
Chambersburg PA
CBHW061623040426
42450CB00010B/2642